20 Mai 1880.

Vente des Jeudi 20 et Vendredi 21 Mai 1880,

HOTEL DROUOT, SALLE N° 8

Collection de M. X*** de Rome

ANCIENNES

# FAIENCES ITALIENNES

DES DIVERSES FABRIQUES

# OBJETS VARIÉS

EXPOSITION PUBLIQUE

**Le Mercredi 19 Mai 1880**

DE UNE HEURE A CINQ HEURES.

COMMISSAIRE-PRISEUR

Me CHARLES PILLET

10, rue de la Grange-Batelière.

EXPERT

M. CHARLES MANNHEIM

7, rue Saint-Georges.

# CATALOGUE

DES ANCIENNES

# FAIENCES ITALIENNES

DES FABRIQUES DE

**Gubbio, Urbino, Caffagiolo, Faënza, Pesaro, Deruta, Castel Durante, Castelli, etc.**

Faïences de Perse et hispano-mauresques ;

Instruments de musique; Couteaux du XVIe siècle;

Deux Vases en cuivre battu, du XVIe siècle;

*Composant la Collection de M. X***, de Rome*

ET DONT LA VENTE AURA LIEU

HOTEL DROUOT, SALLE N° 8

**Les Jeudi 20 et Vendredi 21 Mai 1880,**

A DEUX HEURES

---

Par le ministère de Me **CHARLES PILLET**, Commissaire-Priseur,
10, rue de la Grange-Batelière,

Assisté de **M. CHARLES MANNHEIM**, Expert, 7, rue Saint-Georges,
*Chez lesquels se trouve le présent Catalogue.*

---

EXPOSITION PUBLIQUE, le Mercredi 19 Mai 1880

DE UNE HEURE A CINQ HEURES

## CONDITIONS DE LA VENTE

La vente se fait au comptant.

Les acquéreurs paieront *cinq pour cent* en sus des enchères applicables aux frais.

L'exposition mettant le public à même de se rendre compte de l'état des objets, il ne sera admis aucune réclamation une fois l'adjudication prononcée.

Paris. — Typ. PILLET et DUMOULIN, 5, rue des Grands-Augustins.

# DÉSIGNATION DES FAIENCES

## FABRIQUE DE GUBBIO

1 — Bas-relief représentant la Vierge et l'Enfant Jésus, à décor à reflets métalliques rouge rubis et bleu nacré. Nous attribuons cette pièce à MAESTRO GIORGIO.

2 — Coupe ronde à bossages en forme de graines et portant au centre le monogramme du Christ; décor à reflets métalliques rouge rubis et bleu nacré.

3 — Petit plat rond à décor à reflets métalliques rouge rubis et mordorés; au centre, une rosace, au pourtour des rayons, et au marli des côtes en spirale.

4 — Petit plat rond à décor à reflets métalliques rouge rubis et bleu nacré. Au centre, une rosace, au marli, rinceaux feuillagés et fruits.

5 — Petite coupe ronde sans bords, à décor à reflets métalliques à imbrications; au centre, la lettre M.

## FABRIQUE D'URBINO

6 — Coupe ronde à décor, à reflets métalliques rouge rubis, à trophées d'armes sur fond bleu, et buste de femme au centre.

7 — Grand et beau plat, offrant au centre un médaillon de personnages, entouré de grotesques dans le goût de Raphaël, sur fond blanc. Il porte les armoiries du cardinal Farnèse.

Ce plat présente cette particularité, que ses deux faces offrent un décor d'égale importance et varié. Nous l'attribuons à Orazio Fontana.

8 — Plat rond, portant la signature de Maestro Giorgio et d'époque primitive, représentant un sujet mythologique.

9 — Deux jolis vases modèle cornet, couvert de grotesques sur fond blanc et à médaillon réprésentant un sujet tiré de l'histoire de Joseph ; au revers, un large écusson armorié.

10 — Deux vases ovoïdes à deux anses dragons, décorés de grotesques et portant les armes des Médicis.

11 — Jolie coupe ronde, représentant saint Jérôme en prières dans un paysage.

12-13 — Quatre petits vases modèle cornet, décorés de grotesques et de mascarons sur fond blanc. Ce lot sera divisé.

14 — Grand plat rond, représentant le sacrifice de Jacob ; la scène se passe dans un paysage ; au fond, une ville.

15 — Petit plat rond, représentant un sujet biblique.

16 — Coupe ronde, représentant un sujet mythologique ayant trait à l'histoire de Neptune.

17 — Grand plat rond armorié, représentant le sujet de la destruction de Jérusalem et portant la date de 1560.

18 — Coupe ronde à côtes, décorée au centre du sujet de Judith tenant la tête d'Olopherne. Au pourtour, génies et mascarons.

19 à 20 — Deux belles paires de grands vases à deux anses et à riche décor polychrome, à sujets variés.

21 — Petit plat rond, représentant Mars, Vénus, Vulcain, etc., dans un paysage avec monuments.

22 — Petit plat rond, décoré d'un buste de femme tenant un écran en plumes. Une banderole se détachant sur le fond bleu, porte le nom : Veronica, ainsi que la date de 1535.

23 — Plat rond, décoré au centre d'un groupe de figures allégoriques, dont un fleuve s'appuyant sur une urne. Au marli, grotesques, animaux, génies et médaillons sur fond blanc.

24 — Plat rond, décoré au centre du sujet d'Alexandre et Diogène. Au marli, arabesques bleues sur fond blanc.

25 - Petit plat rond, décoré au centre d'une figurine d'amour et au pourtour de grotesques sur fond blanc.

26 — Coupe ronde, représentant le sujet de l'Enlèvement d'Europe.

27 — Coupe ronde décorée d'un buste de femme sur fond bleu et portant une banderole, avec le nom de Lucia Bella.

28 — Coupe d'accouchée, avec couvercle, à décor de personnages et grotesques sur fond blanc.

29 — Coupe ronde, décorée à l'intérieur d'un sujet tiré de l'histoire romaine et à l'extérieur de branches de chêne sur fond bleu. Date de 1591.

30 — Plat rond, décoré d'un sujet de personnages dans un paysage.

31 — Plat rond, décoré d'un sujet tiré de l'histoire de Latone.

32 — Coupe ronde, décorée d'une figure de fleuve et de pêcheurs; à l'extérieur, enfants-tritons se jouant dans les flots. Le piédouche manque.

33 — Plat rond, décoré de grotesques sur fond blanc et au centre d'une figure d'Amour sur fond jaune.

34 — Petit plat rond, décoré d'oiseaux et de fleurs et offrant au centre un écusson armorié.

35 — Plateau rond sur piédouche, décoré de la figure de Dieu le Père, dans un paysage.

36 — Grand plat, décoré de grotesques sur fond blanc et de figures au centre.

37 à 38 — Deux autres grands plats analogues à ceux qui précèdent.

39 — Grand plat rond offrant les armes des Médicis surmontées d'une couronne soutenue par les figures de la Justice et de la Force.

40 — Plat rond représentant le sujet de l'Enlèvement d'Europe.

41 — Plat ovale à décor en hauteur, représentant le sujet de l'Enlèvement d'Europe.

42 — Coupe ronde à côtes, décorée d'ornements sur fond varié de nuances et offrant au centre un paysage.

43 — Autre coupe à côtes en spirale, décorée d'ornements sur fond varié de nuances et offrant au centre une figure de femme vue à mi-corps.

44 — Autre coupe ronde, à côtes de décor analogue; au centre, un lapin.

45 — Autre coupe analogue; au centre, figure de femme dans un paysage; au pourtour, ornements et dauphins sur fond bleu.

46 — Coupe analogue à celle qui précède; au pourtour, ornements sur fond bleu et jaune.

47 — Autre coupe analogue avec paysage au centre.

48 — Coupe analogue, représentant un sujet ayant trait à l'histoire de Job.

49 — Deux petits cornets à couvercles, décorés de grotesques.

## FABRIQUE DE CAFFAGIOLO

50 — Curieux plat du xv$^{e}$ siècle, décoré d'une figure de guerrier debout et d'ornements.

51 — Deux grandes bouteilles décorées des figures de Lucrèce et de saint Gérôme.

52 — Deux bouteilles analogues à celles qui précèdent.

53 — Deux petits cornets à décor en camaïeu bleu à mascarons et ornements et portant des armoiries en couleurs.

54-58 — Dix vases modèle cornet à décors variés. Ce lot sera divisé.

59 — Plat rond décoré de rinceaux et de groupes de fruits sur fond blanc. L'ombilic à fond vert offre deux mains enlacées surmontées d'une couronne.

60 — Coupe ronde, décorée d'entrelacs jaunes sur fond bleu.

61 — Plat rond décoré sur l'ombilic d'un cerf couché ; au pourtour coquilles et ornements ; au marli rinceaux sur fond jaune d'ocre.

62 — Plat rond décoré de trophées d'armes et d'arabesques en bleu sur blanc et offrant un écusson armorié au centre.

## FABRIQUE DE FAENZA

63 — Grand plat rond décoré de trophées en camaïeu bleu et offrant au centre les armoiries des comtes Agostini di Fabriano, entourées d'ornements exécutés par le procédé *bianco sopra bianco*. Daté de 1530.

64 — Grand plat analogue à celui qui précède.

65 — Jolie coupe ronde décorée de cornes d'abondance, de mascarons et d'ornements sur fond bleu.

66 — Vase sphérique à trois anses, décoré d'armoiries et d'une figure de Judith en camaïeu bleu rehaussé de couleurs.

67 — Petit plat rond et creux, décoré au centre d'un buste de femme sur fond bleu, et au marli de branches de fleurs sur fond jaune d'ocre et bleu.

68 — Petit plat rond et creux, décoré d'ornements en bleu et jaune d'ocre.

69 — Petit plat rond et creux, décoré d'un double rang d'ornements bleus et offrant au centre un écusson armorié.

70 — Plat rond à décor en camaïeu bleu rehaussé de jaune et de vert. Au fond un saint personnage; au pourtour, des trophées d'armes.

71 — Plat rond offrant au centre un buste de femme entouré d'oves et d'ornements.

72 — Petit plat rond offrant au centre un écusson armorié et au bord des ornements sur fond jaune d'ocre. L'entre-deux est décoré par le procédé *bianco sopra bianco*.

73 — Cornet décoré d'un médaillon buste de femme et de palmettes sur fond jaune.

74 — Jolie plaque en bas-relief, représentant la Vierge vue à mi-corps, tenant l'enfant Jésus et décoré en couleurs. XVIe siècle.

## FABRIQUE DE PESARO

75 — Beau plat rond à décor à reflets métalliques, bleu nacré et mordoré. Au centre, buste d'homme et banderole avec inscription; au marli, rayons avec entre-deux de fleurs.

76 — Buire à panse sphérique décorée d'ornements sur fond blanc.

77 — Petit vase à deux anses à décor à reflets métalliques à imbrications et ornements.

78 — Vase de même forme à décor à reflets métalliques, rehaussé de bleu. Arabesques sur fond blanc.

79 — Grand vase à deux anses, décoré d'ornements en couleurs sur fond blanc, et portant une longue inscription.

80 — Petit vase ovoïde à deux anses à décor à reflets métalliques sur fond blanc.

81 — Deux vases en forme de pomme de pin, à couverte mordorée.

82 — Vase de forme cylindrique sur piédouche et à deux anses à décor à reflets métalliques ; buste de femme et ornements.

83 — Vase à deux anses à décor à reflets métalliques, rehaussé de bleu ; palmettes et ornements.

84 — Grand plat rond décoré en couleurs sur fond blanc. Au fond, cavalier en riche costume oriental et montant un cheval au galop. Au marli, compartiments imbriqués et ornements.

85 — Deux autres plats à décor de même style. Le marli offre des palmettes sur fond blanc et jaune d'ocre.

86 — Plat rond décoré au centre d'un écusson armorié et au marli d'ornements sur fond jaune d'ocre.

87 — Plat rond décoré au centre d'un buste de femme et d'ornements au marli.

88 — Plat rond analogue. Au fond, un chasseur et son chien.

89 — Petit plat rond, décoré d'un buste de guerrier et d'ornements.

90 — Vase à deux anses, décoré de bustes et d'ornements à reflets métalliques rehaussés de rouge et de bleu.

91 — Plat rond ; au centre, cavalier armé d'une lance ; au marli imbrications et ornements.

92 — Petit plat rond. Au centre, écusson armorié ; au marli, arabesques bleues sur fond blanc.

93 — Plat rond décoré d'imbrications et d'ornements.

94-95 — Deux plats ronds décorés de figures de femmes au centre et d'ornements et imbrications au marli.

96 — Plat rond décoré d'une figure de cavalier.

## FABRIQUE DE DERUTA

97 — Joli plat rond à décor à reflets métalliques, bleu nacré et mordoré. Au centre, buste de femme de profil ; au pourtour, imbrications et ornements.

98 — Coupe ronde à reflets métalliques, bleu nacré et mordoré. Au fond une rosace, au pourtour des ornements.

99 — Petite coupe ronde sur piédouche à décor à reflets métalliques rayonnant et offrant au fond le nom : *Gentilina.*

100 — Plat à décor à reflets métalliques, bleu nacré, à ornements et buste.

101 — Petit plat rond à décor à reflets métalliques rayonnants et portant au centre l'inscription : *Camilla. Bella.*

102 — Plat rond à décor à reflets métalliques, à queue de paon.

103 — Coupe ronde à bord droit et sur piédouche, à décor à reflets métalliques, bleu nacré et mordoré. Au fond, le lion de Saint-Marc.

104 — Deux jolis petits plats ronds, décorés d'arabesques à reflets métalliques, bleu nacré et mordoré, sur fond blanc.

105 — Deux petits plats analogues à ceux qui précèdent.

106 — Plateau sur piédouche à décor à reflets métalliques, à bustes et rayons.

## FABRIQUE DE CASTEL-DURANTE

### ET AUTRES

107 — Gros vase de forme sphérique, décoré de bustes d'homme et d'enfant ; le fond est couvert de rinceaux et de fleurs sur fond bleu.

108 — Vase analogue à celui qui précède. Celui-ci est décoré d'un médaillon saint personnage.

109 — Autre vase de même forme, décoré de deux médaillons bustes d'homme et de femme.

110 — Grand et beau vase en forme de cornet, de mêmes qualité et décor.

111-112 — Quatre autres vases de forme sphérique, décorés de médaillons bustes, sur fond bleu couvert.

113 — Deux forts cornets, décorés d'armoiries et de couronnes de lauriers.

114 — Trois gros vases de forme sphérique, décorés de bustes et de rinceaux sur fond bleu.

115 — Deux vases moins grands que ceux qui précèdent et de décor analogue.

116 — Fort broc décoré sur sa face d'un buste d'homme se détachant en couleur sur fond bleu.

117 — Deux vases décorés de médaillons de paysages. Le fond bleu est couvert de fleurs arabesques.

118 — Deux vases ovoïdes décorés de médaillons de saints personnages. Le fond bleu est couvert de trophées d'armes.

119 — Deux vases de forme sphérique, décorés de médaillons bustes d'hommes. Le fond bleu est rehaussé de fleurs arabesques.

120 — Deux cornets à fond bleu, décorés de fleurs et cartouches contenant des figures de saints personnages.

121-123 — Huit vases de forme sphérique, décorés de médaillons bustes et d'ornements sur fond bleu.

124-125 — Cinq cornets de même décor.

126 — Deux vases ovoïdes à deux anses serpents, décorés d'ornements et d'armoiries.

127 — Petit plat rond de même faïence, décoré au centre d'une armoirie et au pourtour d'ornements en jaune sur fond varié. Il porte l'inscription suivante : I. D. L. VI.

128 — Plaque rectangulaire offrant en bas-relief les figures de la Vierge et de l'Enfant Jésus décorées en bleu.

129 — Grand plat décoré au centre d'une figure de mendiant et au pourtour de palmettes en relief et d'ornements en bleu et jaune.

130 — Petit plat en faïence de Castel Durante avec armoiries au centre et ornements bleus au marli.

131 — Petit plat rond et creux à rosace au centre et bâtons rompus au marli sur fond bleu.

132 — Deux petits plats décorés au marli d'entrelacs feuillagés verts.

133 — Plat rond en faïence de Castel Durante, décoré de trophées d'armes au marli et d'une figure de génie au centre, sur fond jaune.

134 — Plat rond décoré de trophées d'armes en camaïeu bleu sur fond gris ; même fabrique.

135-136 — Quatre vases de pharmacie de forme ovoïde et à deux anses, à décor bleu.

137 — Deux figures d'anges debout disposées pour servir de flambeaux.

138 — Groupe formé d'une figure de Vierge portant l'Enfant Jésus.

139 — Six vases de la fabrique de Savone à décor polychrome, représentant divers sujets historiques français.

140-149 — Vingt cornets à décors et de dimensions variés. Ce lot sera divisé.

## FABRIQUE DE CASTELLI

150 — Joli vase à couvercle décoré au pourtour de figures mythologiques. Le culot et le couvercle sont couverts de figures de génies, de mascarons et de fleurs.

151 — Jolie plaque en hauteur représentant la Vierge tenant l'Enfant Jésus debout sur ses genoux; le décor de cette pièce est attribué au docteur Grüe.

152 — Petit plat rond décoré d'un sujet de chasse au fond. Le marli offre des rinceaux et un écusson armorié.

153 — Deux petites assiettes décorées de sujets de personnages au centre et de figures de génies au marli.

154 — Trois plaques rectangulaires décorées de paysages et d'animaux.

155 — Quatre autres plaques décorées de paysages.

156 — Deux plats à décors de paysages et personnages.

157 — Deux plats analogues.

158-159 — Treize petites assiettes décorées de paysages et de monuments. Ce lot sera divisé.

160-161 — Huit autres petites assiettes décorées de figures dans des paysages. Deux d'entre elles ont leurs marlis décorés de figures de génies.

162 — Deux soucoupes rondes à côtes décorées de paysages.

163-164 — Trois plaques rondes décorées de sujets divers.

165-166 — Quatre plaques rectangulaires représentant des sujets bibliques et mythologiques.

167 — Deux soucoupes décorées de figures de génies.

168-169 — Quatre cornets décorés de paysages et d'animaux.

170 — Tasse et soucoupe décorées de paysages avec figures.

171-174 — Sept plaques diverses et de décors variés.

175 — Autre plaque représentant saint Georges terrassant le dragon.

176 — Deux petits plats à côtes et à bords festonnés, décorés d'armoiries entourées de génies ailés et de mascarons.

177 — Deux jolies plaques rondes décorées de sujets de personnages. Dans des cadres en bois sculpté, doré en partie.

## FAIENCES DE PERSE

178 — Grand plat rond, à bords festonnés, à décor bleu sur blanc, à branches de vigne et fleurs.

179-186 — Huit plats en ancienne faïence de Rhodes, à décors variés. Ce lot sera divisé.

187-192 — Six brocs ou hanaps, de même faïence, également variés de décors.

## FAIENCES

### HISPANO-MAURESQUES

193 — Plat rond, à décor à reflets métalliques, à feuilles au marli gaufrées en relief.

194 — Plat rond, à décor, à reflets métalliques et à ornements gaufrés en creux.

195 — Vase ovoïde, à décor à reflets métalliques en creux.

196 — Petit broc, de même décor.

## OBJETS VARIÉS

197 — Deux grands vases en cuivre rouge battu, de forme élégante et d'un beau travail. XVIe siècle.

198 — Joli coffret, décoré de sujets en relief exécutés en stuc et se détachant sur fond d'or. XVIe siècle.

199 — Autre coffret, décoré de mascarons et d'ornements en stuc blanc sur fond d'or.

200 — Coffret en stuc doré, se détachant sur fond bleu.

201 — Grand couteau, à manche d'ivoire incrusté de cuivre et d'étain et se terminant par une tête de lion. XVIe siècle.

202 — Couteau et fourchette, à manches d'ivoire, analogues à celui qui précède.

203-204 — Cinq pièces : Couteaux et fourchettes, à manches en ambre sculptée et se terminant par des têtes de femmes. Époque Louis XIII.

205-206 — Six pièces : Couteaux et fourchettes, à manches en argent. Époque Louis XIII. Ce lot sera divisé.

## INSTRUMENTS DE MUSIQUE

207-210 — Quatre mandolines italiennes, enrichies d'incrustations et variées de formes. Elles seront vendues séparément.

211 — Jolie guitare, couverte de belles incrustations de nacre et d'ivoire.

212-213 — Deux vielles, à manches en bois sculpté, à tête de femme.

214 — Pochette plaquée d'écaille.

215 — Trois petits modèles de mandolines plaquées d'écaille et incrustées de nacre.

www.ingramcontent.com/pod-product-compliance
Ingram Content Group UK Ltd.
Pitfield, Milton Keynes, MK11 3LW, UK
UKHW020537180726
13839UKWH00006B/2556